LA FÊTE

DE VINCENNES,

POT-POURRI,

Par Boucquel,

MAITRE-MENUISIER,

PARIS,

DE L'IMPRIMERIE DE HOCQUET,

RUE DU FAUBOURG MONTMARTRE, Nº. 4.

1821.

LA

FÊTE DE VINCENNES.

Oui le vin de Surêne
Met la belle humeur au cœur,
Pour noyer sa peine
Faut d' cette liqueur.

L'autr' jour à Vincennes
D'badauds je vis un quatrain
Avec leurs Chimènes,
Chantant ce refrain:

Oui le vin de etc. etc.

2.

En épicuriens;
Ces parisiens
Vont s'étaler sous l'ombrage.
De son fardeau,
Chaque badaud
S' dégage,
Puis un repas
Peu délicat
S'engage;
Tous dans un instant,
Bourrés et contens,
Seront remis du voyage.

3.

La nappe mise, on commence
Par l'attaque d'un pâté
Qu'enveloppe une ordonnance
Que signa Sa Majesté;
Pour renverser sa muraille

Chacun se croit bon soldat,
Jusqu'au cou dans la ripaille
Il dit, au fort du repas,
Halte-là! pour cela!
La gard' nationale est là!

4.   Pourtant, près d'eux placées,
Les femmes à l'écart,
Fort décemment troussées,
Du caquet ont leur part;
Leur langue plus légère,
Badine avec esprit
Sur les faits et mystères
Qu'elle cache aux maris.

5.   Mais quelle est cette bacchanale
Qui trouble la paix de nos bois?
Est-ce une marche triomphale,
Ou le cortège de nos Rois?
Je vois des gendarmes,
J'entends un tambour,
Pour tant de vacarmes,
Quel est ce grand jour?

6.   C'est de la fête patronale,
Le bruit, le fracas usité,
Ce sont les tireurs qu'on installe,
Avec cette solennité.
Conduisant la fête,
Un homme en toilette,
La cocarde en tête,
Se montre en avant;
Pris dans sa ceinture,
Enflant sa figure,

Roide de tournure
Et le nez au vent.
Deux compagnons aussi comiques,
Vont gravement à ses côtés,
Comme deux Grecs ressuscités
Pour les jeux Olympiques.　　　(*bis.*)

7　　　Alerte, alerte, alerte!
La carrière est ouverte!
Je vois marcher les compagnons
Au son des flûtes à l'oignon.
Tout à travers la foire,
Ils s'en vont à la gloire,
Avec le bruit du mirliton
Et la poussière du canton.

8.　　　Rantanplan, tirelire!
Ah! que nous allons rire!
Ils s'en vont percer le blanc,
Ran plan, rantanplan,
Tirelire lan plan;
Ils s'en von percer le blanc
Avec leurs tirelires!

9.　　　Tout-à-coup de polichinel
Admirant la cabane,
Dans ce brouhaha solennel
Je pers la tramontane,
Dans le tourbillon
Et le carillon,
Je quitte la cohorte,
Et plus d'un tableau
Mouvant et nouveau
Dans la foule m'emporte.

I

Arlequin sur les trétaux,
Seul amuse les nigauds ;
Franconi sur des chevaux,
Nous raconte ses travaux ;
Costumé comme un héros
Un charlatan visigot
Vend pour guérir mille maux
Toute l'herbe des côteaux.
La marchande de coco,
Mettant un citron dans l'eau,
Sonne pour son jus nouveau
Qu'elle débite à grands flots ;
Pour moi, sans dire mot ;
Je veux partir aussitôt
Et m'échappant à propos,
Je vais m'asseoir sous l'ormeau.

II.

Je m'étends sur la fougère,
Au plus épais du bois ;
    Seul je me crois,
Entre les cieux et la terre
Je ne vois plus que moi.
Tout-à-coup d'une bergère
J'entends, oui par ma foi,
    La douce voix ;
Toute tremblante, Glicère
Exprimait son émoi.
M'élançant sous le feuillage
J'apperçois son minois
    En tapinois ;
Un canonnier à l'ouvrage,
Disait : vive le Roi !

12.
Mais à la jouvencelle,
Qui sortit de l endroit,
Un bourgeois dit : ma belle,
Sur vous j'ai quelque droit ;
Hola ! dit l'artilleur , ici point de querelles ,
N'est-ce pas bien servir le Roi ,
D'en venir aux mains , comme moi ,
Avec les infidèles ?

13.
Non , non ,
Pas de raison ,
Je suis de l'avis contraire ,
Mon bien
N'est pas le tien ,
Et puis je suis faubourien.

Dans la garde sédentaire ,
Quoique bizet seulement ,
Je suis coiffé maintenant ,
Mon bonnet a fait la guerre!
Non , non , etc.

14.
Ne dérange pas le monde ,
Riposte le canonnier ,
Dois-tu faire ici la ronde ,
Et venir nous ennuyer.
Reproche-nous quelque chose ,
Mais apprends , qu'en bon guerrier ,
Je sais défendre une rose ,
Comme cueillir un laurier.

15.
On se reprend, on se quitte,
La paix, la guerre, on agite,

Et la belle les invite,
Sur l'heure à se séparer.
Le canonnier jure encore
Et promet de se venger,
Avant la prochaine aurore
Le combat doit s'engager ;
A son discours énergique
Son adversaire réplique,
Et veut tenir le congrès
Dans le prochain cabaret.

———————

16   Oui, le verre en main,
Dit le canonnier, on s'arrange,
  Verse-moi du vin,
Et mettons la guerre à demain.
  Portons le procès
Devant le dieu de la vendange,
  Certains du succès,
Si tu vides bien ton gousset.
  Car le verre en main,
Avec l'artilleur on s'arrange,
  Verse-moi du vin
Et mettons la guerre à demain.

———————

Les voilà contens ;
A tous, en partant,
L'artilleur
De bon cœur
Répète,
Boira qui voudra larirette,
Paiera qui pourra larira.

18.
Cependant un voile sombre
Vient s'étendre sur la tour,
Le donjon mêle son ombre
Aux derniers rayons du jour.
L'oiseau qui veut les ténèbres,
Chante ses tristes amours,
S'unissant en cris funèbres,
Aux roulemens des tambours.

19.
Soudain
On se remet en train,
Le son du tambourin
M'appèle hors du bocage.
Ce bruit,
En dépit de la nuit,
M'a bientôt reconduit
Au foyer du tapage.
Des feux épars,
De toutes parts,
Étonnent mes regards,
Momus tient sa bannière,
Et mon œil curieux,
Croirait voir en ces lieux,
Tous les astres des cieux
Briller dans la poussière.
Mille cris frappent les oreilles,
Car l'un sur l'autre étalés,
Les marchands prônent leurs merveilles,
Devant ceux qu'ils ont volés.
La musique,
Plus comique,
Leur réplique

Par des accords;
La trombonne,
Qui détonne,
Cracque et sonne
Avec efforts.
Un autre, imitant le canard,
Fait crier au hasard
Clarinette
Ou trompette,
Et de Colinet, le sifflet,
Quand l'orchestre est complet,
Annonce le ballet.

20.

Mesdames, venez vous placer
Dans l'enceinte,
Sans contrainte,
Mesdames, venez vous placer,
Car le bal va commencer.
Les carosses en longue file,
De la campagne et de la ville,
Amènent de divers côtés
Tout un régiment de beautés.
Mesdames, venez vous, etc.

21.

On donne le coup d'archet.
Pour moi, faisant un crochet,
Je m'esquive,
Et j'arrive
En un coin par ricochet.
Je vois posés avec grâces
Les cavaliers à leurs places,
En quarrés
Fort serrés

A la danse préparés.

Deux à deux l'on s'avance,

La belle, avec décence,

Glisse un pied délicat,

Et simule quelques pas.

Dans son maintien modeste,

Pas un mot, pas un geste,

La pudeur avec art

Nous dérobe son regard.

Sans blesser la convenance,

On se croise, on se balance,

On s'amuse, on sourit,

A la mode de Paris.

Et je croirais qu'en ces lieux,

A les voir si sérieux,

La folie

Est bannie,

Ou le plaisir ennuyeux.

———

22. Mais voici qu'une demoiselle

Vient en frétillant,

En sautillant,

En babillant.

Le danseur le plus sémillant

Dit : amusez-vous,

Trémoussez-vous,

Amusez-vous, trémoussez-vous, amusez-vous belle,

Si vous le trouvez bon,

Nous danserons ; nous sauterons.

———

23. Il est trop tard

Pour qu'à vous je m'engage,

Quand mon calpin est noirci de danseurs,

Mais écoutez cet avis doux et sage,
N'attendez pas pour montrer tant d'ardeurs,
Qu'il soit trop tard.

_____

24.

Trallalla laderidera,
Le bal recommence ;
La belle se lance,
Trallalla laderira,
Tous ses mouvemens
Occupent les amans.

_____

Celui qui danse avec elle,
A moitié riant,
A demi soupirant,
Lui glisse un mot à l'oreille ;
Elle lui répond ,
Faisant un rigaudon :

_____

Trallalla laderidera,
Voilà qu'on s'anime,
L'amant qui s'escrime,
Trallalla laderira,
Ne s'en tiendra pas
A ce langage-là.

_____

Mais un autre se détache,
Et vient adroitement
Lui faire un compliment.
Tout en frisant sa moustache
Il en attend le prix,
La belle lui sourit.

Trallalla, laderidera.
Puis un autre arrive,
La voilà captive;
Trallalla, laderidera,
Feu de tous côtés,
Mille coups sont portés.

Pirouettant sur la place,
Derrière et devant
Leste comme le vent,
Partout son esprit fait face
Et tient tête gaiment
A tout le régiment.

Trallalla, elle accordera,
Pour finir l'aubade,
A tous une œillade;
Son danseur se contentera,
En gros, en détail,
D'un signe d'éventail.

25   Cependant d'un air jaloux,
Il lui dit, méfiez-vous
De cet officier qui vous guette,
Quand on a du sentiment,
Il n'faut pas tant faire la coquette,
Quand on a du sentiment,
Il n' faut pas fair' tant de mouvemens.

26.   La mère, à ces mots inquiette,
Lui dit : les amants

Sont vraiment
Un tourment.
On leur doit des égards pourtant
Quand on leur fait tourner la tête,
Fillette,
Fillette,
Faut pas , faut pas heurter,
Faut pas heurter
L'amant qu'on n' veut pas écouter.

<hr>

27

Un instant,
On attend
La musique,
Les artistes essoufflés
Et tant soi peu troublés ,
Ont perdu la tonique.
Le racleur ,
Pour l'honneur
Du grimoire,
Avant de chercher le ton ,
Décide qu'il est bon
De boire.
Tandis qu'il font cette pause,
Ici se passe autre chose :
Un galant,
Reluquant
Sa brunette ,
Lui parle de sentiment,
Montrant élégamment
Sa moustache en trompette.
Dans l'ardeur
Où son cœur

Le transporte,
Il ne voit pas son chapeau
Quelqu'un le trouve beau
L'emporte.

---

18 Cependant partout la gaité
A l'ennui fait la guerre,
La prude a perdu sa fierté,
La novice est légère ;
Près d'elle un galant du bon ton
La faridondaine,
La faridondon,
Petille de grâce et d'esprit,
Biribi,
A la façon de barbari
Mon ami.

Ah! ah! ah! ah!
Je vois les mamans
Qui sommeillent sur une chaise,
Ah! ah! ah.! ah!
Je vois les mamans
Faisant la grimace aux amans.
Les maris d'un air maussade
Regardant ces fréluquets
Font culbuter les quinquets
Plantés sur la balustrade.
Ah! ah! ah! ah!
Voilà le signal,
Messieurs les diseurs de fadaises.
Ah! ah! ah! ah!
Voilà le signal,
Il faut enfin quitter la salle

30.   Allez vous en gens de la ville,
Allez vous en chacun chez vous ;
Les dames rompent le quadrille
Et les époux
S'en vont en coucous,
En coucous,
En coucous,
Allez vous en gens de la ville,
Allez vous en chacun chez vous.

FIN.

www.ingramcontent.com/pod-product-compliance
Lightning Source LLC
Chambersburg PA
CBHW061810040426
42447CB00011B/2574